Л6 46
Л6 46
Б64

L'EFFUSION
DU SANG HUMAIN,

ARRÊTÉE

EN UN INSTANT

DANS

TOUTE L'EUROPE.

L'EFFUSION
DU SANG HUMAIN,

ABRÊTÉE

EN UN INSTANT

DANS

TOUTE L'EUROPE.

Par WALTHER FINSTERAARBRUGH.

PARIS,
CHARLES, Imprimeur, rue Thionville, n.º 36.
PELICIER, Libraire, première Cour au Palais-Royal,
n.º 10.

3 mai, 1815.

L'EFFUSION
DU SANG HUMAIN;

ARRÊTÉE

EN UN INSTANT

DANS

TOUTE L'EUROPE.

Bien des personnes peuvent ignorer qu'il existe en Suisse, indépendamment des cantons, une petite république en miniature, appelée Gersau. Son territoire qui n'a pas une demi-lieue en tous sens, est enclavé dans le canton de Schwitz, et quarante-huit maisons, situées sur le bord oriental du lac des quatre cantons, composent sa capitale, ses villes, ses bourgs et ses villages. Certes, voilà un Etat un peu différent de l'Empire de toutes les Russies.

Un citoyen de cette république, M. Walther

Finsteraarbrugh, semi-bourgeois, semi-paysan, et fabricant de filoselle, étant venu à Paris pour ses affaires, a laissé dans le tiroir de la table de sa chambre garnie, le fragment suivant qui, quoiqu'incomplet, nous a paru assez curieux pour mériter d'être connu.

Il est assez singulier qu'un républicain d'une république-atome, enclavée dans un canton républicain, qui n'est lui-même qu'un atome, dans un ensemble d'autres républiques, s'occupe de royaliser toute l'Europe. L'amour seul de l'humanité peut inspirer ce généreux renoncement à ses affections personnelles et à ses plus chères habitudes; et si son projet de constitution pour l'Europe prenait faveur, on pourrait dire que c'est l'image du soleil, passant par un trou d'un pouce d'ouverture percé dans un plan opaque et immense, qui par la divergence de ses rayons éclaire tout un hémisphère.

Quoiqu'il en soit, voici le fragment du bon Helvétien:

CONSTITUTION EUROPÉENNE.

Nous, par la grâce de Dieu, les peuples chrétiens de l'Europe, véritables souverains de nos territoires respectifs : Nous, qui avons *le baptême* pour signe de religion ou de ralliement, et dont la loi morale, supposée émanée d'un sage, nommé *Jésus*, est contenue dans un livre unique, que chacun entend et peut entendre à sa manière, lequel nous appelons, par excellence, *le Livre* (biblion) ou *la Bible;* deux choses qui nous distinguent suffisamment des peuples qui ont pour signe de religion la circoncision ou l'amputation du prépuce, et qui ont aussi un livre unique de lois, supposé écrit par un prophète inspiré, nommé par nous Mahomet.

CONSIDÉRANT, que ce qu'on appelle communément les princes, sous les dénominations bizarres de rois, de papes, de doges, d'empereurs, de stathouders, de régens, et même les femmes de plusieurs d'entre eux se conduisent de manière à prouver qu'ils ne s'occupent d'autre chose que d'être heureux en ce monde selon leurs goûts, et nullement de rendre heureux les peuples, sans lesquels pourtant ils ne seraient rien, tandis que sans eux, comme dans ma république de Gersau ou celle des Etats-Unis d'Amérique, les peuples sauraient bien être quelque chose.

CONSIDÉRANT, que ces chefs, dont il y a eu plusieurs centaines, depuis bien des siècles que nous sommes tous chrétiens et réunis sous la loi de *Jésus*, n'ont pas cessé de nous exciter à nous égorger les uns les autres, en nous parlant toujours d'une certaine balance politique, fausse en elle-même et continuellement détraquée, qu'ils prétendent contre leur propre expérience, devoir établir la tranquillité de l'Europe.

CONSIDÉRANT, qu'il est sensible pour nous que, si la France, par exemple, aujourd'hui réunie sous la même loi, était partagée en cinq ou six petits royaumes, dont trois de la langue de Well et les autres de la langue d'Oc, les chefs de ces royaumes (qui se diraient tous rois par la grâce de Dieu, ce qui suppose six grâces de Dieu où une seule est plus que suffisante,) ne manqueraient pas une seule occasion d'exciter la haine de leur peuple, contre le peuple voisin, et d'exalter leur courage avec les mots vides de sens de *Gloire*, et le mot horriblement profâné, en ce cas de *Patrie*, le tout dans l'intention unique, de conquérir un des autres royaumes, afin d'avoir plus d'argent et plus d'hommes, pour en attraper encore un troisième, et ainsi de suite : ce qui est bien prouvé par l'exemple d'un moine-guerrier Teutonique, ci-devant vassal de la Pologne, et par l'exemple de ses successeurs, qui avec le Brandebourg ont patrisé ou *patrifié* la Silésie; avec la Silésie, ont *patrifié* la partie de la Pologne dont ils étaient vassaux; qui veulent aujourd'hui patrifier la Saxe, pour, patrifier avec elle, le Bas-Rhin, et sans renoncer peut-être encore au royaume de Neuchâtel, etc. etc.

CONSIDÉRANT, que c'est-là évidemment le jeu que jouent entre eux tous ces chefs du fond de leurs cabinets ou dans leurs promenades et les visites de politesse pleine de franchise qu'ils se font; mais qu'ils jouent ce jeu avec tant de mal-adresse (les uns ayant déjà un pied dans la tombe, les autres, étant encore en nourrice ou à la bavette, et d'autres attaqués de ce qu'on appelle, par courtoisie, incapacité morale;) qu'ils n'arriveraient jamais au résultat désiré, quand même ils devraient vivre, tous en même temps, un demi-siècle, dans l'âge où on a de la raison.

CONSIDÉRANT, que le vœu que forme le corps des peuples, est infiniment plus simple et plus aisé à remplir que les projets des rois, puisqu'il ne consiste qu'à travailler paisiblement pour faire naître des productions alimentaires, premier élément de l'existence humaine; ou de celles qui peuvent se modifier par l'industrie, et s'échanger par le commerce sur tous les points de la chrétienté; qu'il ne faut pour cela ni tant de soldats, ni tant de canons, ni tant de chevaux, ni tant de vaisseaux de guerre, ni tant de forteresses, ni tant d'impôts et d'exactions sur les peuples, mais seulement des routes, des canaux, des ponts et quelques centaines d'hommes pour la sûreté des chemins.

CONSIDÉRANT, qu'il s'en est peu fallu qu'un seul homme n'ait réuni toute la chrétienté sous une même loi, laquelle pouvait être rendue très-équitable pour tous, et que cinq ou six cent mille hommes de plus et une langue de terre d'une lieue de largeur, au Pas-de-Calais, auraient amené brusquement cet effet sans retour, au grand avantage d'une partie notable de l'espèce humaine, et à la grande économie de son sang, toujours inutilement versé, quand les mesures ne sont pas entières, décisives et tendantes à un résultat unique.

CONSIDÉRANT, que la réunion de toute la chrétienté, en un seul corps, est devenue infiniment plus praticable qu'autrefois, depuis l'invention de l'imprimerie, l'établissement des postes et des télégraphes, la langue latine, au surplus, pouvant être la langue légale.

CONSIDÉRANT, que les circoncis Mahométans et les Tartares incivilisés de l'Est peuvent être aisément contenus dans leurs limites et détournés de nous troubler quand notre existence fédérale sera complète et la force de l'*union chrétienne* bien centralisée.

CONSIDÉRANT que, sur une pareille union, c'est l'universalité des lois fondamentales qui règne, bien plus que le chef plus ou moins capable, plus ou moins jeune ou vieux, ou même la femme, au nom duquel ou de laquelle l'ordre est maintenu par les pouvoirs constitués intermédiaires.

CONSIDÉRANT qu'il ne nous répugne en aucune manière qu'il y ait à la tête de notre union un chef unique et héréditaire, pourvu qu'il soit lui-même soumis aux lois générales, et qu'il ne prétende pas gouverner d'après ses seules fantaisies, ou celles de prétendus conseillers privés, à vues myopes, qui ne s'occupent qu'à attraper des places lucratives, par mille moyens capables de pervertir le chef le mieux intentionné.

Nous avons résolu, voulons et ordonnons ce qui suit :

Article premier.

Tous les chefs d'Etats chrétiens, *sous peine de destitution ou d'abandon,* se rendront à

Francfort-sur-le-Mein, centre de la chrétienté, au 1er septembre prochain 1815, anniversaire séculaire de la mort de Louis XIV, sous le règne duquel on a mal réussi à réunir d'une manière, même incomplète, la chrétienté par le traité de Westphalie.

Art. II.

Ces chefs choisiront à la pluralité des trois quarts des suffrages, le plus raisonnable et le plus capable d'entre eux, pour être Recteur suprême, héréditaire de la chrétienté.

Art. III.

Ils diviseront l'Europe chrétienne en douze régences, de douze millions d'âmes chacune à peu près, et nommeront douze régens *héréditaires*.

Art. IV.

Ils diviseront chaque *régence* en quatre *préfectures*, aussi héridіtaires, de trois millons d'âmes environ.

Art. V.

Le peuple de chaque préfecture nommera trois *conseillers à vie*, choisis d'après les lois du bons sens et de la raison, qui formeront à

Francfort un CONSEIL PERMANENT et TOUT-PUISSANT pour la détermination des lois fondamentales de la chrétienté, tant *civiles*, que de *défense extérieure* et de *finances*.

ART. VI.

Le conseil permanent ne pourra faire aucune loi qui gêne en rien, inutilement, ou pour l'avantage seul de quelque section de l'union chrétienne, ce qui a rapport à la liberté personnelle, civile, politique, commerciale et religieuse de chaque membre, quelque grand ou petit qu'il soit.

ART. VII.

Tout ce qui pourra contribuer au bonheur du recteur suprême, des régens et préfets héréditaires et de leurs familles, à leur sécurité, leurs jouissances raisonnables, et même au luxe des arts, leur sera généreusement et amplement concédé.

ART. VIII.

Le recteur suprême veillera à l'exécution des lois par les régens, et ceux-ci par les préfets; et, en cas de déviation de ces lois, requérera l'autorisation du conseil permanent pour disposer d'une partie de la force de l'union pour les y contraindre.

Art. IX.

Le conseil permanent, dans le cas ci-dessus, sera tenu de prendre le suffrage des sections, de chaque cent mille âmes de chacune des préfectures, et la réunion des trois quarts des opinions des sections, déterminera l'ordre qu'il devra donner.

Art. X.

La propre conduite du conseil permanent sera soumise à la surveillance des peuples des préfectures, qui pourront, aux trois quarts des suffrages, destituer ceux de leurs conseillers qui se seraient écartés des vues et des principes du l'union.

Art. XI.

Les dettes particulières de tous les Etats actuels seront mises en commun et réparties sur tous les individus, par supplément, aux contributions indispensables au maintien de la sécurité et du bonheur général.

Art. XII.

Les membres du conseil permanent, qui seront au nombre de cent quarante quatre, auront un traitement de cent mille francs; les préfets héréditaires, au nombre de quarante-huit, jouiront d'un million par an, pour eux et leur famille seulement. Les douze régens auront six millions chacun, et le recteur suprême, vingt-quatre millions.

Article additionnel.

A l'exception du territoire des États-Unis d'Amérique, toutes les parties du globe, occupées par des chrétiens, sous la dénomination de colonies, appartiendront en commun à toute l'union, et pourront être fréquentées par tous, sous les lois générales émises par le conseil permanent : toutes douanes et entraves jalouses de commerce étant partout supprimées.

NOTE FINALE.

Les princes disent tous qu'ils ne travaillent que pour le bonheur de leurs peuples. Ils sont loin d'y avoir réussi ; qu'ils aient la bonne foi d'adopter ce moyen qu'on leur propose : qu'ils le perfectionnent s'ils le peuvent ; ils en seront plus heureux et nous aussi ; et qu'ils soient une fois bénis de bon cœur par tous les peuples fatigués enfin du sacrifice de leur sang dans des tentatives sans but vraiment moral, et sang résultat possible, par les moyens qu'emploie leur politique.

WALTHER FINSTERAARHUGH.

De l'Imprimerie de CHARLES, rue Thionville, n.° 36.

www.ingramcontent.com/pod-product-compliance
Lightning Source LLC
Chambersburg PA
CBHW060934050426
42453CB00010B/2004